颜宗

YAN
ZONG

朱万章 编著

SPM 南方传媒 | 岭南美术出版社

中国·广州

图书在版编目（CIP）数据

颜宗/朱万章编著.—2版.—广州：岭南美术出版社，2024.2
（岭南画库）
ISBN 978-7-5362-7780-9

Ⅰ.①颜… Ⅱ.①朱… Ⅲ.①颜宗-生平事迹
②中国画—绘画评论—中国—明代 Ⅳ.①K825.72
②J205.2

中国国家版本馆CIP数据核字(2023)第147507号

出 版 人：刘子如
策划编辑：刘一行　翁少敏
责任编辑：翁少敏　徐　凯　吴芷璇
责任技编：谢　芸
责任校对：梁文欣
印章篆刻：梁晓庄
装帧设计：紫上视觉　刁俊锋　黄隽琳
内文排版：友间文化

颜宗
YAN ZONG

出版、总发行：岭南美术出版社（网址：www.lnysw.net）
　　　　　　　（广州市天河区海安路19号14楼　邮编：510627）
经　　　销：全国新华书店
印　　　刷：中华商务联合印刷（广东）有限公司
版　　　次：2024年2月第2版
印　　　次：2024年2月第1次印刷
开　　　本：889 mm×1194 mm　　1/16
印　　　张：6
字　　　数：61.9千字
印　　　数：1—1000册
ISBN 978-7-5362-7780-9

定　　　价：108.00元

岭南画库

编辑委员会

丛书主要参与单位

广东省博物馆
香港中文大学文物馆

总 序

刘斯奋

广东绘画，源远流长。唐代的张询、宋代的白玉蟾，开创了广东绘画的先河。自此以后，人才辈出。明代早期的颜宗及宫廷画家林良、何浩等，承继宋元遗韵，享誉主流画坛；明末至清早期，广东画坛名家云集，各擅胜场：袁登道的米氏云烟山水，张穆的鹰马，高俨、赖镜、李果吉、汪后来的山水，伍瑞隆、赵焞夫的水墨花卉，彭睿瓘的兰竹等，不仅在岭南画坛交相辉映，即使在中国画史上，也享有很高声誉。清代乾隆、嘉庆以后，广东涌现出一个文人画家群，如黎简、谢兰生、甘天宠、冯敏昌、张锦芳、吴荣光、黄丹书、梁蔼如等，多以诗书画"三绝"著称，其画作融合文人纵逸不羁意趣，达到很高境界。道光、咸丰年间的苏六朋、苏仁山则以人物画奇峰突起，开创了岭南绘画的新篇章。

清末民初，以居巢、居廉为主流的花鸟画家，代表了这一时期岭南绘画的最高成就。居廉的弟子高剑父、陈树人及高氏胞弟高奇峰等创立了融合中西的"岭南画派"，以崭新面目崛起于画坛，引起强烈反响。他们的传人如关山月、黎雄才、赵少昂、杨善深等人薪火相继，影响一直延续至今。与此同时，以"国画研究会"为主体的一批画家，如潘龢、赵浩公、姚粟若、黄般若、邓芬、李耀屏、卢镇寰、黄君璧、黄少梅、张谷雏、何冠五、卢子枢等，以守护传统为己任，与"岭南画派"分庭抗礼，使此一时期出现了争鸣互动的活跃局面。

作为曾经唯一的对外通商口岸，广东很早就受到西方绘画影响。晚清时期，广东的外销画是我国美术史上一道奇异的风景，至今具有重要的认识价值。与此同时，一批画人远赴海外，学习西洋技法，成为中国早期油画的先驱，李铁夫、陈抱一、李超士、冯钢百、谭华牧、关金鳌、胡根天、司徒乔、吴子复、王道源、李秉、余本、陈福善、杨秋人、王少陵、赵兽、梁锡鸿、苏天赐等便是其中的佼佼者。

广东也是中国现代版画、漫画、水彩画的发祥地之一。受时代潮流影响推动，涌现出一大批名家，廖冰兄、谢海若、赖少其、罗清桢、李桦、梅健鹰、胡一川、陈卓坤、陈烟桥、杨讷维、胡其藻、顾鸿干、唐英伟、张在民、张影、罗映球、黄新波、古元、荒烟、王立、周金海、温涛、梁永泰、张慧、王肇民、陈望、余所亚等创作了一大批直面现实、反映社会变革的美术作品，其意义已超越作品本身。

今逢民族振兴，国运昌隆。文化建设已被提上重要位置。广东人文艺术研究会本着弘扬优秀传统文化、鉴古以开今的愿望和宗旨，在中共广东省委宣传部及广东省文学艺术界联合会的指导和支持下，遂有编纂《岭南画库》之举——按照岭南绘画发展的历史脉络，挑选出不同时期具有代表性的画家和作品，并约请相关专家、学者进行深入研究，以图文并举的方式陆续加以出版，以期为广大读者了解岭南绘画的发展及其成就提供较全面的展示和参考。

为乡邦整理文献，我们深感责任非轻；面对全新的尝试，我们尤其觉得经验缺乏。为着把这套大型丛书尽可能编纂得严谨周详一些，庶几稍减来者之讥，竭诚期待方家识者不断提出改进意见。

2011年1月5日 于广州

内容提要

　　颜宗是广东绘画史上第一个有画迹传世的画家。关于他的生平、画迹历来知之甚少，更遑论深入细致的研究。本书钩稽索隐，爬梳大量明清文献典籍，并结合今人相关研究成果，对颜宗生平及其艺术展开深入探讨。

　　一、生平

　　颜宗生于明洪武二十六年（1393），约卒于天顺三年（1459），字学渊，广东南海人，明永乐二十一年（1423）举人，天顺元年（1457）升兵部车驾司主事，天顺三年（1459）署兵部员外郎，因奔母丧，卒于途中。

　　颜宗曾出任福建邵武知县。作为一个芝麻官，他首先是一位深受老百姓拥戴的好官，史书记载其为政"平易恺悌，置义仓，以救荒悯旱为先"，且善断狱，因而深得民戴。虽然如此，但真正使其扬名于后世的，还是其独特的画艺。他特别擅长画山水，开始学元代的黄公望，山石以雄浑见胜；后来则师法宋代的李成、郭熙，大凡烟云变幻、树木萧森、飞流危栈、峰峦秀拔，无不精深独到，吐自胸中。所以其画风，更多的是来自宋人的风貌。

　　颜宗的郡望及活动区域均在南方（广东、福建），史书并无他去过北方的记录。但他却能融北方山水画风于画中，说明其绘画根源更多的是来自北派山水。他所写之山水多为平远景色，极尽潇洒清旷之致，苍浑健劲，独具一格。他对于画山水、人物、虫鱼、鸟兽几乎无所不能。

　　二、《湖山平远图》卷

　　颜宗是广东绘画史上最早有画迹传世的画家。他的作品目前可以肯定为真迹的，仅有一件《湖山平远图》卷。从画面看，所画景致并非作者长期生活的珠江流域一带风光，更像是北方河谷、山川及相连的原野景色。画面烟波浩渺，一泻千里。画端两骑者与一童子行于林中，远处华屋、宝塔半遮半隐于云雾中；苍松遒劲，山石如卷云。平原上，犁者、锄者各司其事，一派乡间繁忙景象。卷中平畴沃野，极目于万里之外如在咫尺，且层峦叠嶂，寒鹭飞鸦，有截流而渔者，有立于船头而罾者，更有云山藏古寺，游人悠然自得，陶然于景。其山，林木参差，薄雾祥云生紫气；其水，浩荡无边，时有浅山涌沧溟。颜宗在画树木时不在枝节中用墨圈，只点上一堆点，树身用淡墨拖抹，用焦墨画古树枯枝，枝干纵横如"蟹爪"形，在平淡中显示出挺拔、雄奇之态。从画法上看，乃典型的宋人笔意。如果我们将郭熙的代表作《早春图》和《窠石平远图》与此画相比，自然就会发现无论在构图、笔墨还是在意境上，都有很多相似之处。颜宗不像当时的其他画家一样，一味地模仿马、夏，而是在流风之外另辟蹊径，使郭熙一路的风格得到传承。

三、《江山胜览图》卷

1998年，香港中文大学文物馆得社会热心人士捐赠一卷署款为"颜宗"的《江山胜览图》卷。该画署款之字迹及其所体现出的时代风格均与《湖山平远图》卷相去甚远。从书风看，款当为清代乾隆时期或以后所书，其印色与款之时代相当。但有意思的是，整幅画之构图、笔法均与《湖山平远图》卷有神似之处。山为平远之景，树为蟹爪之枝，无论赋色、布景，还是意境、气韵，均与《湖山平远图》卷如出一辙。从时代风格看，该画也是典型的明代早期作品，明显地传承郭熙风格。因此完全有理由相信，这是一幅颜宗风格的明初山水画。

对于这件极具艺术与文献价值的明初山水画精品，专家意见颇多分歧。对于此画是一幅明画几乎没有异议，但对于是不是颜宗之画则有不同看法。笔者曾赴香港中文大学文物馆做访问研究，在短暂的半年时间里，对《江山胜览图》卷仔细辨别、鉴赏，并对照《湖山平远图》卷反复研究、比较，并参阅海内外所藏同时期的其他山水画作品，初步得出如下结论：《江山胜览图》卷应该是颜宗所画，但款为后添，拖尾之题跋也是后补上去的。此乃一幅真画假款的范本。

四、历代著录颜宗作品考

颜宗的画迹虽然传世极少，但在明清两代的书画著录中，仍然可以见其不少画迹。据福开森编《历代著录画目》可知，著录颜宗画目之书画著录有七种。另有清人顾复的《平生壮观》和近人张珩的《木雁斋书画鉴赏笔记》，不在福开森《历代著录画目》中，但也有颜宗画迹之著录。

五、与颜宗同时的其他岭南山水画家

陈琏可称得上明代岭南山水画之先驱。他以山水见长。虽然没有画迹可参证其画风，但从其诗歌和有关文献记载可知其受北宋米芾影响尤甚。他自言"我亦平生亲画史，落笔时时追董米"。时人罗亨信在《琴轩山水（为姑苏朱以信题）》诗中亦云："董贾文章世共珍，米高山水尤清致。公余挥翰扫云烟，岩壑陂陀势蔓延。……天光云影含模糊，树色苍苍半有无。"从这些描述可以看出一幅烟云变幻、墨气淋漓的景象，乃典型的米家风貌。

在陈琏之外，这一时期之画家尚有陈永宽、麦玄中等。可惜二人均没有作品传世。

六、余论

明初画坛，摹古之风盛行。我们在传世的大量明初画迹中可以发现宋代画风的明显痕迹。同样地，在广东画坛也是如此。

正如主流画坛一样，这一时期的广东绘画是以继承宋元画风之遗韵而出现在画坛的。虽然这种绘画时尚阻碍了画家们创造力的充分发挥，但我们在这些有限的画迹中也能感受到：这一时期的广东绘画在延续宋元流风余韵的同时，也融合了画家本人的艺术个性，其作品（如《湖山平远图》卷）甚至跻身主流画坛而未遑多让。因此可以这样说，明代前期的广东绘画在呈现盎然古意的同时，又显现出岭南地区特有的生机，这种"生机"成为广东绘画的先声。

这也许便是我们今天讨论颜宗及其同时代岭南画家的意义。

目 录

颜宗研究

❶ 目前关于颜宗的研究文章主要有李天马：《颜宗年代考》（《艺林丛录（三）》，页38－39，商务印书馆香港分馆，1962年）、若波：《颜宗的〈湖山平远图〉》（《艺林丛录（三）》，页33－35，商务印书馆香港分馆，1962年）、李遇春：《颜宗的〈湖山平远图〉》（《艺苑掇英》1982年，总第14期）、李遇春：《一件现存最早的广东绘画作品——记颜宗的〈湖山平远图〉》（《文物》1983年第5期）、朱万章：《现存最早的广东绘画——明朝颜宗的〈湖山平远图〉》（《大公报·艺林》1993年12月10日）、李遇春：《关于"颜宗"〈江山胜览图〉的真伪辨析》（《广东省博物馆集刊1999》，页163－169，广东人民出版社，1999年）、朱万章：《重新认识颜宗》（《收藏·拍卖》2007年第7期）等。

❷ 朱万章：《现存最早的广东绘画——明朝颜宗的〈湖山平远图〉》，《大公报·艺林》1993年12月10日。

❸ 朱万章：《重新认识颜宗》，《收藏·拍卖》2007年第7期。

❹ 关于颜宗疑年，李天马认为他约生于洪武二十六年（1393）前后，卒于景泰五年（1454），参见氏著：《颜宗年代考》；汪宗衍则认为颜宗约生于洪武二十六年（1393），卒于天顺初，年六十余，参见氏著：《岭南画人疑年录》，汪兆镛编纂，汪宗衍增补，周锡馥点校：《岭南画征略·附》，页297，广东人民出版社，1988年。

引　言

　　颜宗是广东绘画史上第一个有画迹传世的画家。关于他的生平、画迹历来知之甚少，更遑论深入细致的研究。❶笔者早在1993年起便对其画迹有所关注，并写成小文刊发❷，之后一直留心关于他的史料及其画迹。2006年10月起，笔者在香港中文大学文物馆做为期半年的访问研究。在此期间，搜集到不少颜宗资料及海外研究颜宗的相关信息，并结合该馆所藏署款"颜宗"的《江山胜览图》卷，于次年撰成了《重新认识颜宗》一文❸。两文相继发表后，总有言犹未尽之感。现再钩稽索隐，爬梳大量明清文献典籍，并结合今人相关研究成果，对其展开进一步探讨。

颜宗生平事略

　　颜宗，字学渊，广东南海人，生于明洪武二十六年（1393），约卒于天顺三年（1459），年六十余。明永乐二十一年（1423）举人，天顺元年（1457）升兵部车驾司主事，天顺三年（1459）署兵部员外郎，因奔母丧，卒于途中❹。关于他的生平事迹，前人并无详细记载。最早记录颜宗的是夏文彦的《图绘宝鉴》（图一、图二），记录极为简略："颜宗，字学渊，五羊人，任中书舍

图一　《图绘宝鉴》书影　　　图二　夏文彦《图绘宝鉴》所载颜宗资料

人，画学黄子久。"❶ 在这段记述里，作者误将"颜"字作"顾"，此处之"顾宗"与"颜宗"实为同一人。因"顾"与"颜"形近而产生误植 ❷。此后，各类绘画史著述相继以讹传讹，均将"颜宗"误为"顾宗"，如明韩昂的《图绘宝鉴续编》❸、朱谋垩的《画史会要》❹、姜绍书的《无声诗史》❺（图三）、徐沁的《明画录》❻、清人的《书画史》❼、王毓贤的《绘事备考》❽、冯津的《历代画家姓氏便览》❾、彭蕴灿的《历代画史汇传》❿、鲁骏的《宋元以来画人姓氏录》⓫ 等诸书均如此，

图三 明·姜绍书:《无声诗史》/华东师范大学出版社/2009年

图四 《广东通志》书页

图五 《广东通志》书影

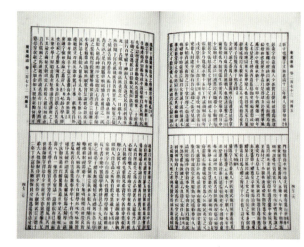

图六 《广东通志》所载颜宗事迹书页之一

❶ 夏文彦:《图绘宝鉴》卷六，于安澜编:《画史丛书》第二册，页162，上海人民美术出版社，1963年。

❷ 关于这一点，近人汪兆镛已在《岭南画征略》中特别指出，参见汪兆镛编纂，汪宗衍增补，周锡馥点校:《岭南画征略》卷一，页35，广东人民出版社，1988年。

❸ 韩昂:《图绘宝鉴续编》，《中国书画全书》第三册，页837，上海书画出版社，1992年。

❹ 朱谋垩:《画史会要》卷四，《中国书画全书》第四册，页558，上海书画出版社，1992年。

❺ 姜绍书:《无声诗史》卷六，于安澜编:《画史丛书》第三册，页96，上海人民美术出版社，1963年。在此书中，作者将"学渊"误为"学源"。

❻ 徐沁:《明画录》卷三，于安澜编:《画史丛书》第三册，页28，上海人民美术出版社，1963年。此书称"顾宗"为南海人，与《图绘宝鉴》所称"五羊人"略有不同，并称其画"苍劲有法"。

❼ 佚名:《书画史》卷十一，《中国书画全书》第七册，页497，上海书画出版社，1994年。

❽ 王毓贤:《绘事备考》卷八，《中国书画全书》第八册，页688，上海书画出版社，1994年。

❾ 冯津:《历代画家姓氏便览》，《中国书画全书》第十一册，页90，上海书画出版社，1997年。此书将"学渊"误为"学源"。

❿ 彭蕴灿:《历代画史汇传》，《中国书画全书》第十一册，页195，上海书画出版社，1997年。此书将"学渊"误为"学源"。

⓫ 鲁骏:《宋元以来画人姓氏录》，《中国书画全书》第十三册，页735，上海书画出版社，1998年。

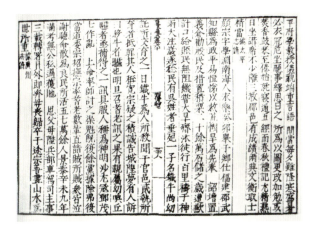

图七　《广东通志》所载颜宗事迹书页之二　　　图八　《广州府志》书影

❶ 阮元修：《广东通志》卷
三百六十二，列传五十九，清
道光二年（1822）刊本。

❷ 戴肇辰、苏佩训修：《广州
府志》卷一百十五，列传四，
清光绪五年（1879）粤秀书院
刊本。

❸ 分别参见《中国书画全书》
第十一册，页28，上海书画出
版社，1997年；《中国书画全
书》第十三册，页515，上海书
画出版社，1998年。

❹ 《中国书画全书》第十一
册，页195，上海书画出版社，
1997年。

❺ 王宸：《绘林伐材》卷
七，《中国书画全书》第九
册，页938，上海书画出版社，
1996年。

❻ 黄锡蕃：《闽中书画录》
卷十六，《中国书画全书》第
十二册，页939-940，上海书
画出版社，1998年。

连颜宗故里所编撰的《广东通志》❶（图四至图七）、《广州府志》❷（图八
至图十）等史志类书也是如此。有意思的是，《历代画家姓氏便览》《宋元以
来画人姓氏录》《历代画史汇传》中，在"顾宗"条目之前，另有"颜宗"条
目，内容与"顾宗"条大同小异。所不同者，前两书"颜宗"条目称颜宗"永
乐时官兵部员外郎，善画山水，为世所重，一时名画若林良犹逊之"❸；后者
则详述颜宗在任邵武知县时断狱之事❹，这说明此书将"顾宗"与"颜宗"误
作两人，主要是因为所参照的不同史料所致。在古代画史上，这种因为字形相
近而出现误植的现象不乏先例。有时候同一人被误作三人的例子也时有所见。

在诸家画史著作中，除以"顾宗"名记录颜宗之外，以"颜宗"名记录的
书画类著作也有不少。在上述《历代画家姓氏便览》《宋元以来画人姓氏录》
《历代画史汇传》和下文将要述及的历代著录颜宗画迹的多种典籍外，尚有清
人王宸的《绘林伐材》❺、黄锡蕃的《闽中书画录》❻。大凡正确记录"颜

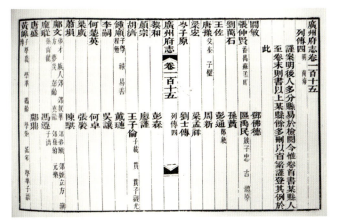

图九　《广州府志》所载颜宗条目书页　　　　图十　《广州府志》所载颜宗列传书页

宗"条的典籍所征引之史料大多源自明代编修的《南海县志》❶或《广东通志》❷，而误作"顾宗"的典籍多源自前述之《图绘宝鉴》。

时人陈琏有一首诗是专门为颜宗写的，诗题曰《寿萱堂为颜宗赋》，诗曰："堂上慈亲双鬓皤，阶前萱草青如莎。根荄阅历岁年久，花萼沾濡雨露多。游子承恩到家早，膝下称觞彩衣好。寸心难以报春晖，愿萱与亲长不老。"❸据此可知，颜宗是一个孝子，这在古代，是为政者必备的品德。

颜宗曾出任福建邵武知县。作为一个芝麻官，他首先是一位深受老百姓拥戴的好官，史书记载其为政"平易恺悌，置义仓，以救荒悯旱为先"❹，且善断狱，因而深得民戴。虽然如此，但真正使其扬名于后世的，还是其独特的画艺。他特别擅长画山水，开始学元代的黄公望，山石以雄浑见胜；后来则师法宋代的李成、郭熙，大凡烟云变幻、树木萧森、飞流危栈、峰峦秀拔，无不精深独到，吐自胸中。所以其画风，更多的是来自宋人的风貌。

颜宗的郡望及活动区域均在南方（广东、福建），史书并无他去过北方的记录。但他却能融北方山水画风于画中，说明其绘画根源更多的是来自北派山水。他所写之山水多为平远景色，极尽潇洒清旷之致，苍浑健劲，独具一格。他对于画山水、人物、虫鱼、鸟兽几乎无所不能，与他同时的人对他有"勾勒不多而形极层叠，皴擦甚少而骨干自坚"❺的赞语，后学林良也感叹说："颜老天趣，不可及也。"❻说明他的画更多地表现出一种艺术个性，这不是一般画匠可以达到的。美国学者高居翰认为颜宗的画"完全是折中之作，糅合了李郭及马夏的传统"，"很明显，画家在追慕旧法"❼，从颜宗传世作品中可看出高氏所言极是。

《湖山平远图》卷

颜宗是广东绘画史上最早有画迹传世的画家。他的作品目前可以肯定为真迹的，仅有一件《湖山平远图》卷。该卷为绢本设色，纵30.5厘米，横512厘米。卷首钤朱文方印"畏斋"，卷尾款署"南海颜宗写湖山平远图"，并钤朱文方印"颜宗"及白文方印"学渊"。

从画面看，所画景致并非作者长期生活的珠江流域一带风光，更像是北方河谷、山川及相连的原野景色。画面烟波浩渺，一泻千里。画端两骑者与一童子行于林中，远处华屋、宝塔半遮半隐于云雾中；苍松遒劲，山石如卷云。平

❶ 刘廷元修：《南海县志》，明万历三十七年（1609）刊本。

❷ 黄佐修：《广东通志》卷六十，列传七，页38，明嘉靖四十年（1561）刊本。

❸ 陈琏：《琴轩集》卷六，页315-316，政协东莞市文史资料委员会，2000年。

❹ 彭蕴灿：《历代画史汇传》，《中国书画全书》第十一册，页195，上海书画出版社，1997年。

❺ 汪兆镛：《岭南画征略》卷一，广东人民出版社，1988年。

❻ 黄佐撰，陈宪猷点校：《广州人物传》第二十一卷，页533，广东高等教育出版社，1991年。

❼ 高居翰著，夏春梅等译：《江岸送别：明代初期与中期绘画（1368—1580）》，页54，石头出版股份有限公司，1997年。

原上，犁者、锄者各司其事，一派乡间繁忙景象。卷中平畴沃野，极目于万里之外如在咫尺，且层峦叠嶂，寒鹭飞鸦，有截流而渔者，有立于船头而罾者，更有云山藏古寺，游人悠然自得，陶然于景。其山，林木参差，薄雾祥云生紫气；其水，浩荡无边，时有浅山涌沧溟。颜宗在画树木时不在枝节中用墨圈，只点上一堆点，树身用淡墨拖抹，用焦墨画古树枯枝，枝干纵横如"蟹爪"形，在平淡中显示出挺拔、雄奇之态。从画法上看，乃典型的宋人笔意。如果我们将郭熙的代表作《早春图》（台北故宫博物院藏，图十一）和《窠石平远图》（北京故宫博物院藏，图十二）与此画相比，自然就会发现无论在构图、笔墨还是在意境上，都有很多相似之处。颜宗不像当时的其他画家一样，一味地模仿马、夏，而是在流风之外另辟蹊径，使郭熙一路的风格得到传承。

卷末有明景泰年间陈敬宗于景泰二年（1451）正月题写的行书《湖山平远图记》，全文曰：

> 《湖山平远图》一卷，今地官主事颜宗所作。布景精到，甚足珍爱，奇笔也。夫所谓平远者，无大山乔岳峻险之势，足以障隔其旷达之观，而原隰之衍迤，江湖之渺茫，极目于万里之外，如在咫尺。其间有平畴沃壤，春水方足，而耕者、锄者、驱牛者，孜孜于稼穑之谋，亦有平湖广泽浦溆之饶，而舟艇往来出没于波光云影之下。网者、钓者、截流而渔者，亦汲汲于鱼蟹之利。他若仙宫梵宇之参差，山林草木之畅茂，有无穷之

图十一　北宋·郭熙《早春图》/绢本墨笔/158.3 cm×108.1 cm/台北故宫博物院藏

图十二　北宋·郭熙《窠石平远图》/绢本设色/120.8 cm×167.7 cm/北京故宫博物院藏

雅观焉。惟天地间怪奇伟丽之景，恒藏于宽闲寂寞之乡，惟幽人雅士乐得其趣，而缙绅不与焉。于是好事者绘之于绢素，敛万里于尺寸之间，展而玩之，所谓怪奇伟丽之观，皆在乎眉睫之下。而适情寄兴之乐，盖不特幽人雅士可得而独专也。平远之作，岂不宜哉。颜宗，南海人，于凡山水、人物、虫鱼、鸟兽无所不精，亦当代之名流也，是为记。景泰二年正月之吉休乐老人记。

钤朱文印"敬宗"和"祭酒图书"。此二印为陈敬宗印。按，陈敬宗（1377—1459），字光世，号澹然居士，又号休乐老人，浙江慈溪人，永乐二年（1404）与李时勉同举进士，历官选庶吉士、刑部主事、翰林院侍讲、南京国子监司业、祭酒等，善诗文，尤工小楷，有晋人笔意，著有《澹然集》，《明史》有传。

陈语描述《湖山平远图》景色，并言"《湖山平远图》一卷，今地官主事颜宗所作"。据汪宗衍考证，地官为《周礼》六官之一，即后世之户部，而《广东通志》所载颜宗只做过兵部车驾司，这应该是陈敬宗久居江宁，涉笔偶误所致。❶该文在陈敬宗的《澹然先生集》❷中有载，其中刊本与写本有多达十处相异，现将其整理如次（表1）：

表1　刊本与写本中颜宗相关记载相异处

写本	刊本
足以障隔	足障隔
亦有平湖……	又有平湖……
波光云影之下	波光云影之中
鱼蟹之利	鱼虾之利
怪奇伟丽之景	旷达之景
尺寸之间	咫尺之间
怪奇伟丽之观	旷达之观
在乎眉睫之下	在吾眉睫之下
颜宗，南海人	宗，南海人
景泰二年正月之吉休乐老人记	无

据此可校勘刊本与写本之不同。因此从这个意义上讲，该段题记具有重要的文献价值。而且末尾明确注明书于"景泰二年"，乃刊本中所未有，亦可考证陈氏文章之年代。陈敬宗长期活动于南京，现在未有资料表明陈氏与颜宗有

❶ 汪宗衍：《广东书画征献录》，页4，大同印务有限公司，1988年。

❷ 陈敬宗：《澹然先生集》卷三，页335—336，庄严文化事业有限公司，1997年。

过交往，但从他为颜画题记这件事也可以看出，颜宗在当时应该享有一定的声誉，并且极有可能二人有过交游。

在陈敬宗题记之后，尚有明末黄时俊题写的七言绝句一首，诗曰："隐约沙明宿雾开，依稀树断白云隈；水边人自陇头出，天际帆从山外来。"款署"涤烦生时俊书"，钤朱文小方印"黄时俊印"。该诗从另一角度写出了观《湖山平远图》之总体印象。

该卷之鉴藏印有朱文方印"宝爱旧物""风雨楼""秋枚宝笈"和朱文长方印"契斋""荫堂"。其中"宝爱旧物""风雨楼""秋枚宝笈"是邓秋枚鉴藏印。按，邓秋枚即邓实（1877—1951），号君实，别署枚子、野残、鸡鸣、风雨楼主，广东顺德人，生于上海，1905年发起成立国学保存会，刊行《国粹学报》，曾与黄宾虹一起主编《美术丛书》，在学界影响甚大。"契斋"乃现代古文字学家、金石书画鉴藏家商承祚（1902—1992）斋号。

另外，在若波（黄般若）的一篇文章中，谈起在上海徐伯郊家中曾拜观此画 ❶，则此画后来流入徐氏之所。后来该画随徐氏到了香港。按，徐伯郊（1913—2002），名文坰，浙江吴兴人，徐森玉之子。幼承家学，精研古书画、古籍版本，其斋号曰"诗外移"，是香港著名鉴藏家之一，在二十世纪五六十年代，曾为国家在港收购流失文物做过不少贡献。此画便是在20世纪60年代由国家拨专款收购回国，由广东省博物馆收藏。

书画鉴定家张珩的《木雁斋书画鉴赏笔记》曾著录此画。张氏此书与吴荣光《辛丑消夏记》等诸书体例相类，实录原书画款识、印鉴及题跋，并对作品作简短描述和评论，为后人研究美术史提供了珍贵的史料。在此书中，张珩这样描述此画：

> 卷首作松林坡石，二人跨驴指顾而语。后一童，抱琴相随。远处烟雾中微见楼阁塔宇，稍前水田中策牛而犁者三人。卷中主峰高峻，瀑布下泻如练。山脚人家围以土墙，竹树茂密，门前板桥，行旅二人策驴四头正欲过桥，后又作渔舟浦溆，长空归雁欲下未下之景。卷末则作江天空阔，烟霭迷蒙中舟楫扬帆而下。沙际晾网二，又二渔舟撒网，远山层叠，隐现天末。款楷书二行书于图尾。按宗字学渊，南海人，永乐癸卯举人，知邵武县……宗画法北宗，而笔乏骨力，略具典型而已，宜其名不彰于后世，特东广自林良以上画手聊聊，所见以宗为最早，存之以见一时风格云。据卷尾陈敬宗跋，则此卷之作当在景泰元年任主事时。余平生仅见此一卷，卷首"畏斋"一印亦宗印，可

❶ 若波：《颜宗的〈湖山平远图〉》，《艺林丛录（三）》，页33—35，商务印书馆香港分馆，1962年。

补记载之缺。 ❶

　　从这段描述可看出，即便见多识广之书画鉴定家如张珩者，对于所见颜宗作品，亦"仅见此一卷"。张珩所言"宗画法北宗，而笔乏骨力，略具典型而已"，对颜宗的风格给予概括与总结，盖从此卷《湖山平远图》中来。至于所言此卷作于"景泰元年任主事时"，则是以陈敬宗之讹传讹，不足征信。当以上述汪宗衍所言为是。

关于《江山胜览图》卷

　　1998年，香港中文大学文物馆得社会热心人士捐赠一卷署款为"颜宗"的《江山胜览图》卷。该图亦为绢本设色，纵35.5厘米，横610厘米。卷尾署款曰："江山胜览图。宣德八年秋五羊颜宗为友人景升写于金陵读书处。"钤白文方印"五羊颜宗之印"和朱文方印"学渊"。署款之字迹及其所体现出的时代风格均与《湖山平远图》相去甚远。从书风看，款当为清代乾隆时期或以后所书，其印色与款之时代相当。但有意思的是，整幅画之构图、笔法均与《湖山平远图》卷有神似之处。山为平远之景，树为蟹爪之枝，无论赋色、布景，还是意境、气韵，均与《湖山平远图》卷如出一辙。从时代风格看，该画也是典型的明代早期作品，明显地传承郭熙风格。因此完全有理由相信，这是一幅颜宗风格的明初山水画。

　　图卷拖尾尚有五家题跋，依次序分别为吴节、陈秋鸿、刘定之、卢祥和颜学渊。其中吴节题曰："江北山川清且奇，将军曾此驻旌麾。乱峰高下通淮浦，远水微茫入合肥。客路渐经红杏坞，人家多种绿杨枝。只今天上怀风景，漫写新图作解颐。安成吴节。"钤朱文方印"与俭"和白文方印"词垣清思""竹轩"。按，吴节（1397—1481），字与俭，号竹坡，江西安福人，明宣德五年（1430）进士，历官南京国子祭酒、太常寺卿、侍读学士，有文名，有《吴竹坡诗文集》行世。

　　陈秋鸿题曰："一卷生绡不满围，颜侯落笔古今稀。江山互见胸中阔，人物无端眼界微。独坐小轩成胜览，闲观深坞似相依。西湖胜有佳山水，不愿为图只愿归。钱唐（塘）陈秋鸿。"钤朱文方印"陈氏秋鸿""人中仙史之隐"和朱文长方印"眉间"。

❶ 张珩：《木雁斋书画鉴赏笔记：绘画二下》，页451–455，文物出版社，2000年。张氏著录中所涉颜宗生平因与诸书相类，故从略。

刘定之题曰："丁侯熊虎姿，而有山林想。千里江湖间，亦曾游混瀁。闲居京国寄高情，时展画图翰杳冥。平川耕牧远近渚，官路行旅长短亭。人家傍岸结茅屋，或见僧房倚修竹。出没帆樯乘风行，依微细罟谙水宿。为言此景似故乡，淮土日晚烟苍茫。作官正好事明主，怀归未得遥相望。永新刘定之。"钤朱文方印"主静"和白文方印"玉堂金马"，另一白文印漫漶不可辨。按，刘定之（1409—1469），字主静，江西永新人，正统元年（1436）会试第一，官至礼部左侍郎，著有《否泰录》。

卢祥题曰："淮南山势接江东，仕路游观趣不穷。千里物情归眼底，四时风致饱胸中。高峰直与云霄并，远水遥连河汉通。应羡将军殊雅调，赋诗横槊志何雄。岭南卢祥。"钤白文方印"壬戌进士"、朱文方印"青索琐闲"和白文长方印"愚斋"。按，卢祥（1403—1468），字仲和，广东东莞人，正统七年（1442）进士，历官南京礼科给事中、南京太仆寺少卿等，曾向吴节学《春秋》，所著诗文、奏疏等辑为《行素集》，明人郭棐的《粤大记》、黄佐的《广州人物传》《广东通志》等均有传。

颜学渊题曰："万里湖山万里天，水光云影自悠然。日升旸谷浮金晕，春满堪舆蔼瑞烟。隔垄骑牛吹牧笛，横江拖网取鱼船。将军昔与盟诗社，索写无声胜辋川。羊城颜学渊。"钤白文方印"颜门后裔"、朱文方印"癸卯科人"和朱文长方印"畏斋"。

对于这件极具艺术与文献价值的明初山水画精品，专家意见颇多分歧。苏庚春、谢文勇、林业强、高美庆、洪再新等均参与对此画之鉴赏。对于此画是一幅明画几乎没有异议，但对于是不是颜宗之画则有不同看法。早在1998年，香港中文大学文物馆就将此画带往广州，与《湖山平远图》卷对比，两卷风格的相似性令人叹为观止，笔者有幸躬逢其事，对两卷作品做了详细的比较分析，并聆听不同专家的鉴定心得。时隔近十年后，笔者赴香港中文大学文物馆做访问研究，在短暂的半年时间里，再次对《江山胜览图》仔细辨别、鉴赏，并对照《湖山平远图》反复研究、比较，同时参阅海内外所藏同时期的其他山水画作品，初步得出如下结论：《江山胜览图》应该是颜宗所画，但款为后添，拖尾之题跋也是后补上去的。此乃一幅真画假款的范本。

我们鉴定一幅画，更多地应该注重画之本身笔性及艺术风格、时代风格等。此画之风格与《湖山平远图》纯属一个人笔性，如果肯定《湖山平远图》是颜宗所为，那确认《江山胜览图》是颜宗的笔迹是没有问题的。其主要理由在于，两画虽然在构图及技法上具有惊人的相似性，但并不意味着两画完全相同。首先，两画的尺幅相异，《江山胜览图》比《湖山平远图》长近100厘米。

其次，构图之细部大相径庭，比如人物、山头、树丫、林舍、渔舟等，均是徒具相近外形而已，若细审之，则可见每一处均各具特色，或赋色，或人物之形态，或山势之布局等，都存在着巧妙的不同，这正是作者独具匠心之处。《江山胜览图》之构图要比《湖山平远图》略为稀疏，这是两画最明显的相异处，也是最容易为人所忽略的地方。再者，两画技法上的雷同及构思的相似性，也正可说明出自同一人之手。

其实，关于《江山胜览图》争论的焦点就在于款识问题。如果款识与《湖山平远图》一致的话，这幅画的真实性是毋庸置疑的，这就说明鉴定者已经认同该画之风格与《湖山平远图》是一致的。至于假款之原因，有可能是卷尾残缺，原款识剥落，鉴藏者倩人补题；也有可能是作伪者将真款割去，接在假画之尾以充真画，而此画则另外补假款，以达到一画变两画的目的。这种书画作伪被称为"移山头"或"真画假题"，在书画作伪中是屡见不鲜的。当然，也有可能是一些其他特殊原因导致款识非颜宗所题，如代笔等。这需要有深入的材料作进一步的佐证。

至于卷尾之"颜学渊"，与伪款之"颜宗"非同一人笔迹，与《湖山平远图》的作者也非同一人笔迹，当为后人临摹颜宗所为。拖尾之诸家题跋，也应当是后人临摹上去的。这些题跋当有原本，只是原本遗失或损坏，乃后之收藏者倩人所为。

当然，也有人提出《江山胜览图》可能是当时的摹本，原因是两幅画的构图太过相似，且《江山胜览图》"'包浆'反而不明显，用笔也颇觉拘谨、滞软而逊于《湖山平远图》" ❶。但这些其实不难解释。一、在古代（甚至近现代也是）画家中，很多人热衷于同题两画甚至多画，在宋代的郭熙、马远、刘松年，元代的黄公望、王蒙，明代的文徵明、沈周、唐寅、董其昌，清代的王时敏、王鉴、郑板桥、任伯年，近现代的齐白石、张大千等画家之传世作品中，都能见到构图极为相似，但仍被鉴定家确认为真迹的"双胞胎"甚至"多胞胎"作品。二、提出这些疑点的人其实带有一定的主观性。从事美术研究的人都知道，对于同一幅画，不同的人欣赏可能会出现截然不同的审美效果。这是和审美者的个人因素（如艺术素养、个人情趣、知识面、阅历等诸方面）密切相关的。在笔者看来，《江山胜览图》用笔精到、随意，与《湖山平远图》不遑多让。

当然，这种结论姑妄当为一家之言，尚需进一步得到其他资料的佐证（比如时人诗文、史志文献或寄希望于其他画迹的再发现等）。诚能是，则传世最早的广东绘画，可确证为并驾有双矣。

❶ 李遇春：《关于"颜宗"〈江山胜览图〉的真伪辨析》，《广东省博物馆集刊1999》，页163-169，广东人民出版社，1999年。

历代著录颜宗作品考

图十三 福开森编：《历代著录画目》/人民美术出版社/1993年

颜宗的画迹虽然传世极少，但在明清两代的书画著录中，仍然可见其不少画迹。据福开森编《历代著录画目》（图十三）可知，录有颜宗画目之书画著录有七种 ❶ 。另清人顾复的《平生壮观》和近人张珩的《木雁斋书画鉴赏笔记》，不在福开森《历代著录画目》中，但也有颜宗画迹之著录（图十四至图十六）。现将诸书著录的颜宗画迹整理如次（表2）。

表2 文献著录颜宗画迹

著录画名	作者及著录书目	所在卷、页及版本
江山图	汪珂玉《珊瑚网画录》	卷二三，页40，适园丛书本
江山万里图	张丑《清和书画舫》	卷七，页26，池北草堂本
江山万里图	文嘉编《钤山堂书画记》	页16，知不足斋丛书本
蒲术轩	朱之赤《朱卧庵藏书画目》	页17，美术丛书本
江山图	《佩文斋书画谱》	卷九八，页29
江山图	《天水冰山录》	页241，知不足斋丛书本
江山图	李调元《诸家藏画簿》	卷九，页15，函海本
蒲术轩	顾复《平生壮观》	卷十，页41，上海人民美术出版社
湖山平远图	张珩《木雁斋书画鉴赏笔记》	绘画二下，页451-455，文物出版社

很显然，表中所列画目有不少重复之处。虽然有九种著录记载其画，但实际著录颜宗之作品只有四件。它们分别是《江山图》《江山万里图》《蒲术轩》和《湖山平远图》。

在四幅图中，《江山图》和《江山万里图》均仅著录画名，惟《蒲术轩》《湖山平远图》记录较为详细。《湖山平远图》之著录已见诸前文，《蒲术轩》著录于《朱卧庵藏书画目》和《平生壮观》，且各有不同。《朱卧庵藏书画目》著录曰：

❶ 福开森编：《历代著录画目》，页454，人民美术出版社，1993年。

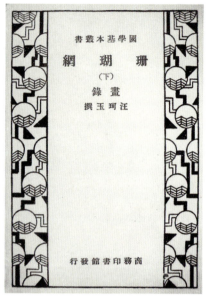

图十四　汪珂玉《珊瑚网画录》书影　　图十五　李调元《诸家藏画簿》书影　　图十六　李调元《诸家藏画簿》著录颜宗
　　《江山图》书页

　　《蒲术轩》卷，程南云（秋轩）篆额，颜学渊画图。张士谦记、王益夫记，冯谦益大司马朴斋、夏时正、宋大皋诗，吴汝俭、杨孟平、郑汝诚、夏寅、张茂兰诗，姚世昌后序。❶

　　《平生壮观》（图十七）著录曰：

　　颜宗，载画史，任中书舍人，字学渊，五羊人。
　　《蒲术轩》，绢，低卷。黄云称其山水学范宽，观此图与夏圭相近。重绛色，水口云烟，不入恶道。无款，有"颜宗"及"学渊图书"。前引首程南云篆三大字，官衔款，篆文颇细。轩为太医陈仲和所构。正统中冯谦益（朴斋）记七言古，夏时正五言古，王谦词并序，张益记、郑惟广五言律，夏寅歌，宋怀赋并序，吴节五言律二首，杨准诗四章并序（篆），张畹七绝，姚福传。❷

　　综合两家著录，可以知道《蒲术轩》卷是颜宗为太医陈仲和所画，引首为程南云篆书题额，分别有张益（士谦）、王益夫（谦）、冯谦益（朴斋）、夏时正、宋大皋、吴汝（与）俭、杨孟平（准）、郑汝诚（惟广）、夏寅、张茂兰（畹）、姚世昌（福）题记。现分别对诸家考证如次：

图十七　顾复《平生壮观》书影/
上海人民美术出版社/1962年

❶　朱之赤：《朱卧庵藏书画目》，《中国书画全书》第二册，页808，上海书画出版社，1993年。

❷　顾复：《平生壮观》卷十，页41，上海人民美术出版社，1962年。

程南云，字清轩，号远斋，江西南城人，明永乐间以能书征授中书舍人，曾参与编修《永乐大典》，累官至通议大夫、太常寺卿等，工诗文书法，善画梅竹，书法以篆隶见长，兼擅行草书。

张益（1395—1449），字士谦，号恭庵，江苏昆山人（一作吴县人，或江宁人），永乐十三年（1415）进士，曾为中书舍人、侍讲学正，工楷书，兼擅写竹，著有《画法》《文僖公集》。

夏时正（1412—1499），初名尚，字季爵，一字尚一，号余留道人，浙江仁和（今杭州）人，正统十年（1445）进士，历官刑部郎中、南京大理寺卿等，工诗文书法，著有《杭州府志》《余留稿》《太常志》等。

吴节（1397—1481），字与俭，号竹坡，江西安福人，宣德五年（1430）进士，授编修，历官南京国子监祭酒、太常寺卿等。

夏寅，字正夫，号止轩，华亭人（今上海），正统十三年（1448）进士，历官南京史部主事、浙江右参政、山东右布政使，有文名，著有《政盐》。

张茂兰（1471—1535），字德馨，别号东谷，人称"东谷先生"，山东济南人，弘治十八年（1505）进士，先后任京师巨鹿、任丘县（今属河北省）知县，后为户部主事。

此外，王益夫、冯谦益（朴斋）、宋大皋、杨孟平、郑汝诚（惟广）、姚世昌（福）等诸家则不可考，有待于资料的进一步发掘。

在以上作品之外，近人吴天任（1916—1992）有诗《明颜中书（宗）〈罗浮图册〉为谷雏丈题》曰："平生恨未探罗浮，仙蝶梅花只梦收。却喜中书留画本，无端坐我鹤峰头"；"何处飞来四百峰，桃源十载乱云封。不须更向麻姑问，已见三桑换七松（罗浮黄龙洞七星坛，旧有古松七株，传宋徽宗时，七松化为道士，随邹葆光入朝云）"❶。据此可知颜宗曾画有《罗浮图册》，而且曾为谷雏收藏。谷雏即张虹（1891—1965），号申斋，广东顺德人，擅画山水，广东国画研究会成员，好收藏。他离我们不到一百年时间，相信此画有可能尚存于世。

❶ 吴天任：《荔庄诗稿》，页281，艺文印书馆，1981年。

与颜宗同时的其他岭南山水画家

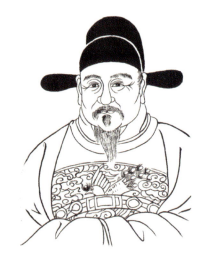

图十八　陈琏木刻像 / 选自康熙刊本《琴轩集》

生在明洪武初年的东莞人陈琏（1370—1454）可称得上明代岭南山水画之先驱。他字廷器，号琴轩，广东东莞人，洪武二十三年（1390）举人，为桂林教授，累官至南京礼部侍郎。他博通经史，以文学知名于时，著有《罗浮志》《琴轩集》《归田稿》等。他曾至滁州为官，政声颇佳，当地人把他和欧阳修、王禹合祀为三贤祠；东莞邑令吴中，亦把他与李用、李春叟合祀为三贤祠。他在政治和文学上享有很高的声誉，在书画方面亦颇有造诣。他的书法受当时“馆阁体”书风影响，谨严而秀雅，有行书《济生堂记》（中国文物总店收藏）和楷书《放翁仕迹遗墨记》（辽宁省博物馆藏）等行世，是岭南地区除白玉蟾之外较早有墨迹传世的书画家。（图十八、图十九）

在绘画方面，陈琏以山水见长。虽然没有画迹可参证其画风，但从其诗歌和有关文献记载可知其受北宋米芾影响尤甚。他自言“我亦平生亲画史，落笔时时追董米”（董即五代的董源，米为北宋的米芾）[1]。时人罗亨信在诗《琴轩山水（为姑苏朱以信题）》中亦云：“董贾文章世共珍，米高山水尤清致。公余挥翰扫云烟，岩壑陂陀势蔓延。峰峦浓淡列远近，林木隐映分清妍。茅堂依约绿阴里，门径深沉静于洗。碧海茫茫曲涧通，晴空片片浮岚起。天光云影含模糊，树色苍苍半有无。”[2] 从这些描述可以看出一幅烟云变幻、墨气淋漓的景象，乃典型的米家风貌。

在陈琏之外，这一时期之画家尚有陈永宽、麦玄中等。陈永宽是广东新会人，相传吴汝振赴官日南（今越南一带），因双亲年迈，侍养不得，欲倩人作两幅肖像以代日省，陈永宽援笔一挥，形神兼备，据此可知其擅长画人物。麦玄中擅长画梅竹，新会人黎贞有题画诗咏之。可惜二人均没有作品传世。

放翁仕蹟遺墨記
鎮江楊時中元至正初爲郡庠直學有識鑒
購得高秋泉所收陸放翁親書所作詩若干
首共爲一卷有元人永嘉俞眉山程郁京口郭天
錫題跋後歸其姪敏所尤寶愛之洪武中敏僑
居南詔以所蓄書畫畱其親戚處及回索京寄
物俱已遺落幸而此卷獨存重加裝潢屬浙江僉
憲致仕顧君仲謙馳書徵予言按史翁諱游字務
觀越州山陰人年十二能詩文及長蔭補登仕郎

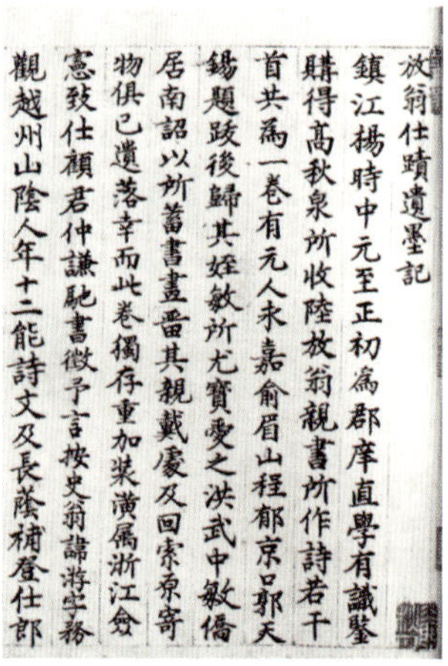

图十九　明・陈琏《放翁仕迹遗墨记》（部分）/ 辽宁省博物馆藏

[1] 陈琏：《琴轩集》卷五，页235-236，政协东莞市文史资料委员会，2000年。

[2] 罗亨信：《觉非集》卷七，页9，庄严文化事业有限公司，1997年。

历来刊载颜宗资料或图版之书影

①

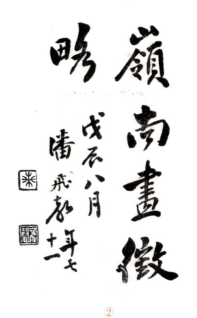

②

③

④

①《历代著录画目》/ 福开森编 / 人民美术出版社 / 1993年
②《岭南画征略》/ 汪兆镛著（潘飞声题笺）/ 广东人民出版社 / 1988年
③《岭南画征略》/ 书页2（颜宗）
④《广东名画家选集》/ 中国美术家协会广东分会 / 1961年

⑤

⑥

⑦

⑧

⑤《中国美术全集 · 绘画编6 · 明代绘画上》/ 上海人民美术出版社 / 1988年

⑥《中国古代书画目录（第九册）》/ 文物出版社 / 1991年

⑦《广东美术史》/ 李公明著 / 广东人民出版社 / 1993年

⑧《名家翰墨（41）· 广东省博物馆藏名画特集》/ 翰墨轩出版有限公司 / 1993年

⑨

⑩

⑪

⑫

⑨《粤画访古》/ 朱万章著 / 文物出版社 / 2005年
⑩《广东绘画》/ 朱万章著 / 广东人民出版社 / 2007年
⑪《粤海艺丛（第一辑）》/ 广东人文艺术研究会 / 岭南美术出版社 / 2010年
⑫《画风·岭南卷》/ 四川美术出版社 / 2010年

⑬

⑭

⑮

⑯

⑬《艺林丛录（第三编）》/ 商务印书馆香港分馆 / 1962年

⑭《广东画人录》/ 谢文勇编 / 岭南美术出版社 / 1985年

⑮《广东省博物馆藏画集》/ 广东省博物馆编 / 文物出版社 / 1986年

⑯《广东书画征献录》/ 汪宗衍著 / 大同印务有限公司 / 1988年

⑰

⑱

⑲

⑳

⑰香港《大公报·艺林》/ 1993年12月10日
⑱《黄般若美术文集》/ 人民美术出版社 / 1997年
⑲《广东省博物馆藏品选》/ 文物出版社 / 1999年
⑳《苏庚春中国画史记略》/ 苏庚春著 / 广东旅游出版社 / 2004年

㉑

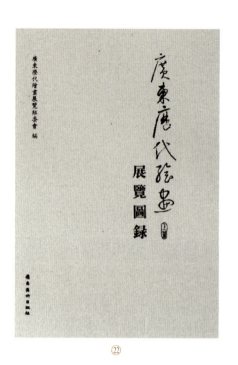

㉒

㉓

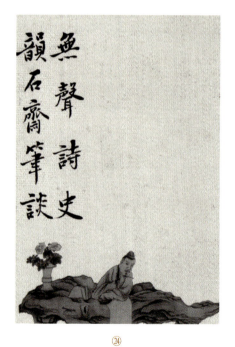

㉔

㉑《广东绘画研究文集》/ 林亚杰　朱万章主编 / 岭南美术出版社 / 2010年

㉒《广东历代绘画展览图录·上篇》/ 岭南美术出版社 / 2010年

㉓《明清广东画史研究》/ 朱万章著 / 岭南美术出版社 / 2010年

㉔《无声诗史　韵石斋笔谈》/ 明·姜绍书 / 华东师范大学出版社 / 2009年

结　语

　　明初画坛，摹古之风盛行，有论者甚至称明代初期是"复兴"了宋朝画风 ❶。这种说法不无道理。我们在传世的大量明初画迹中可以发现宋代画风的明显痕迹。同样地，在广东画坛也是如此。（图二十、图二十一）

　　正如主流画坛一样，这一时期的广东绘画也是以继承宋元画风之遗韵而出现在画坛。虽然这种绘画时尚阻碍了画家们创造力的充分发挥，但我们在这些有限的画迹（如《湖山平远图》）中也能感受到：这一时期的广东绘画在延续宋元流风余韵的同时，也融合了画家本人的艺术个性。因此可以这样说，明代前期的广东绘画在呈现盎然古意的同时，又显现出岭南地区特有的生机，这种"生机"成为广东绘画的先声。

　　这也许便是我们今天讨论颜宗及其同时代岭南画家的意义。

❶ 高居翰著，夏春梅等译：《江岸送别：明代初期与中期绘画（1368—1580）》，页18，石头出版股份有限公司，1997年。

图二十　高居翰：《江岸送别：明代初期与中期绘画（1368—1580）》书影 / 石头出版股份有限公司 / 1997年

图二十一　高居翰：《江岸送别：明代初期与中期绘画（1368—1580）》所载颜宗书页

图版

隈之衍迤江湖之渺茫極目於萬
里之外如在目尺其間青平時沃
壤春水方至而耕者鋤者驅牛
者孜孜於稼穡之謀点有畎畝廣
漳誦淑之饒而梁艇往來出沒於
渡兗雲烟之下緯者釣者截流而
漁者点汲之於魚蠏之利他若仙
宮梵宇之崇差山林草木之暢
茂者無窮之雅觀為雖天地間
桂奇偉焉之景恒藏於寬闊
窅窔之鄉堆幽人雅士樂游其
趣而繪紳不与馬於是好事者繪
之於絹素頓萬里於尺寸之間展
而玩之而謂桂奇偉焉之觀盖主
乎眉睫之下而逍情寄典之樂盖
不特幽人雅士可乃而猶專也平壺
之作豈不宜哉頓宗南海人於
山水人物蟲魚鳥獸無所不精点
為代之名流也宏而記
景泰二年正月之吉休樂老人記

不特幽人雅士可得而專也平壽
之作豈不宜哉頴宗南海人於是
山水人物蟲魚鳥獸莫不所不精此
當代之名流也豈西記
景泰二年正月之吉休樂老人記

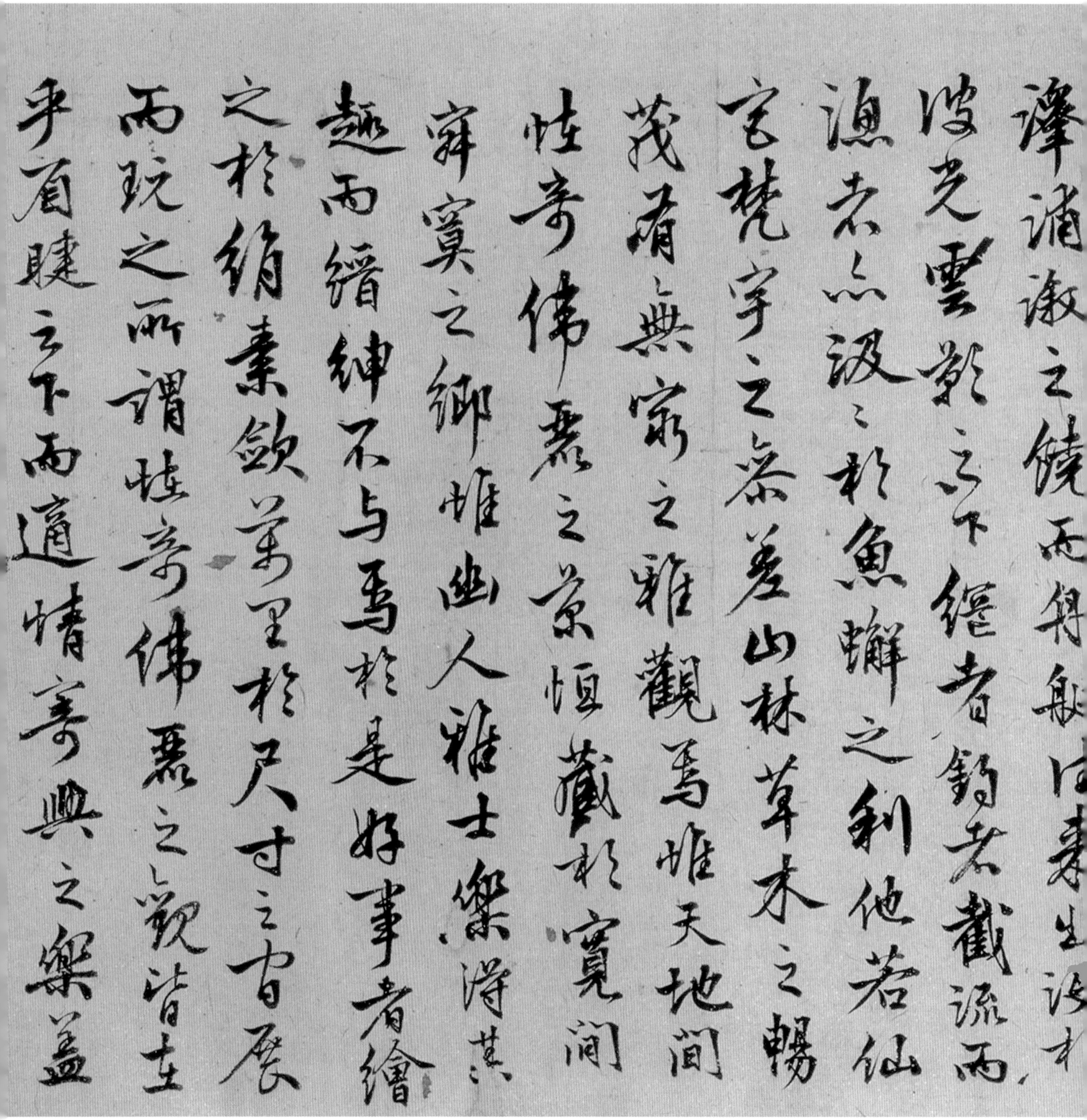

滋诵谏之饶而得躬以寄生涯于

况兆云萝之下缁者钓老截流而

渔者以汲之於鱼鳖之利他若仙

宫梵宇之崇差山林草木之畅

茂有之无穷之雅观焉惟天地间

性奇伟熹之景恒藏於宽间

寄寞之卿惟幽人雅士乐游甚

趣而绅绅不与焉於是好事者绘

之於绢素欲万里於尺寸之内展

两玩之所谓性奇伟熹之觌者主

乎有睫之下两遣情寄兴之乐盖

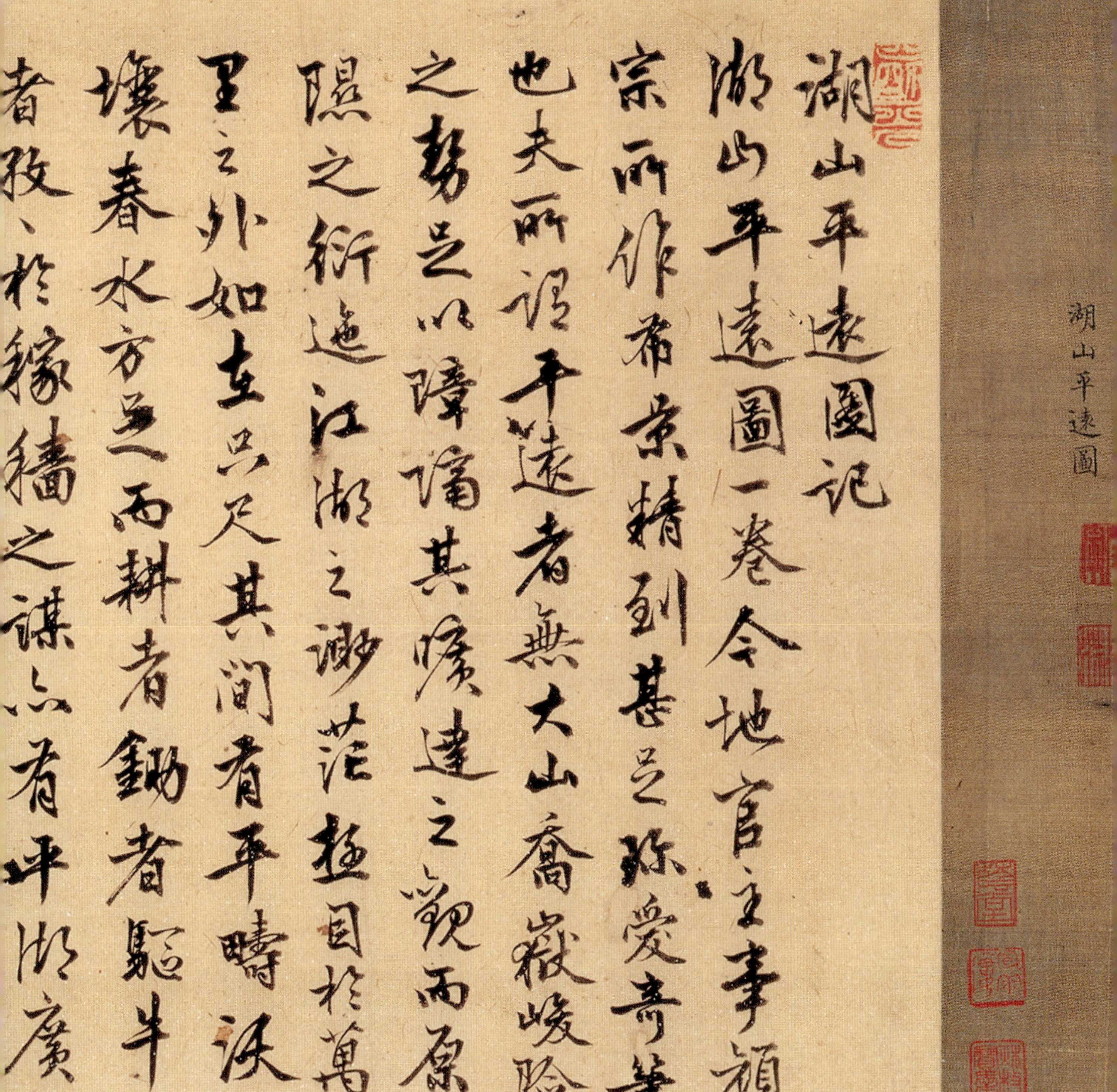

湖山平遠圖記

湖山平遠圖一卷今地官主事頴

宗所作希景精到甚足珍愛意筆

也夫所謂平遠者無大山喬嶽峻險

之勢乏以障蔽其曠達之觀兩原

隰之衍迤江湖之渺茫趣且於萬

里之外如主足其間者平疇沃

壤春水方生西耕者鋤者驅牛

者孜於稼穡之謀凡有平湖廣

湖山平遠圖

南海颜宗寫
湖山平遠圖

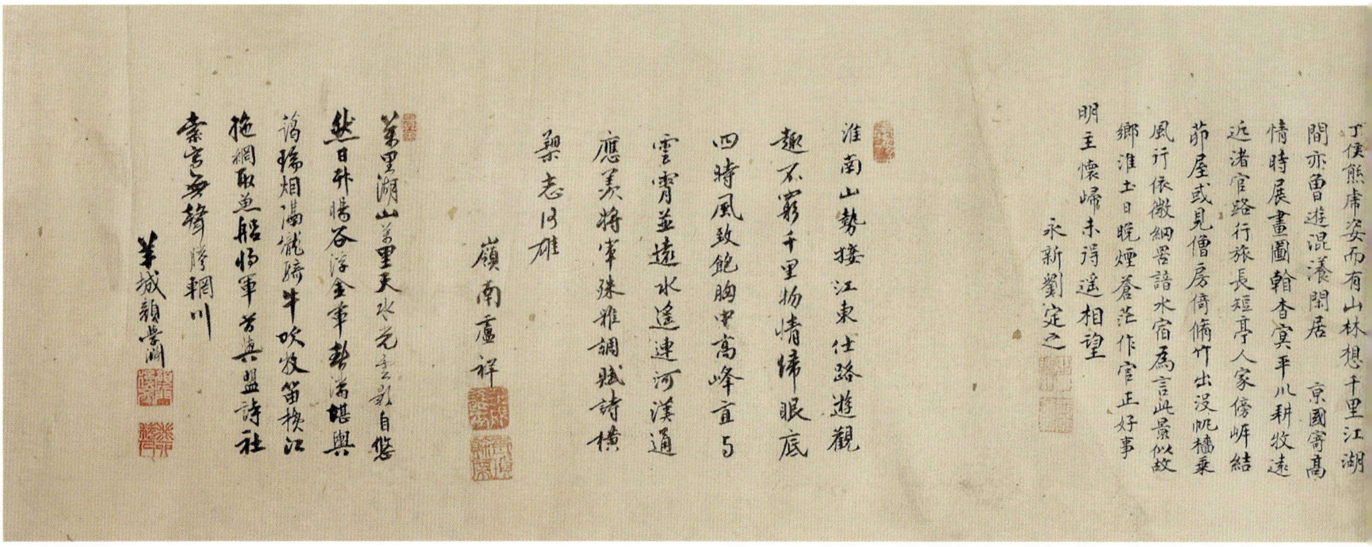

丁侯熙庶姿而有山林想千里江湖
間亦嘗遊況瀁開居 京國寄寓
情時展畫圖翰杳�’平八耕牧遠
近渚宜路行旅長短享人家傍峤結
菊屋或見僧房倚傅竹出沒�’檐乘
風行倦微綱罟語水宿爲言此景似敌
鄉淮土日晚煙蒼莊作宦正好事
明主懷歸未得遥相望
　　　　　永新劉定之

淮南山勢接江東仕路遊觀
趣不窮千里物情歸眼底
四時風致飽胸中高峰直寸
雲霄盖遠水連河漢通
應養將軍殊雅調賦詩橫
槊志行雁
　　嶺南盧祥

萬里湖山萬里天水光雲影自悠悠
些日升勝谷浮金軍勢滿譙門
詩稱相湯龍騎牛吹牧笛横江
拖綱取魚艇惘軍芳與盟詩社
索宫無聲隴耦川
　　羊城颜崇禮

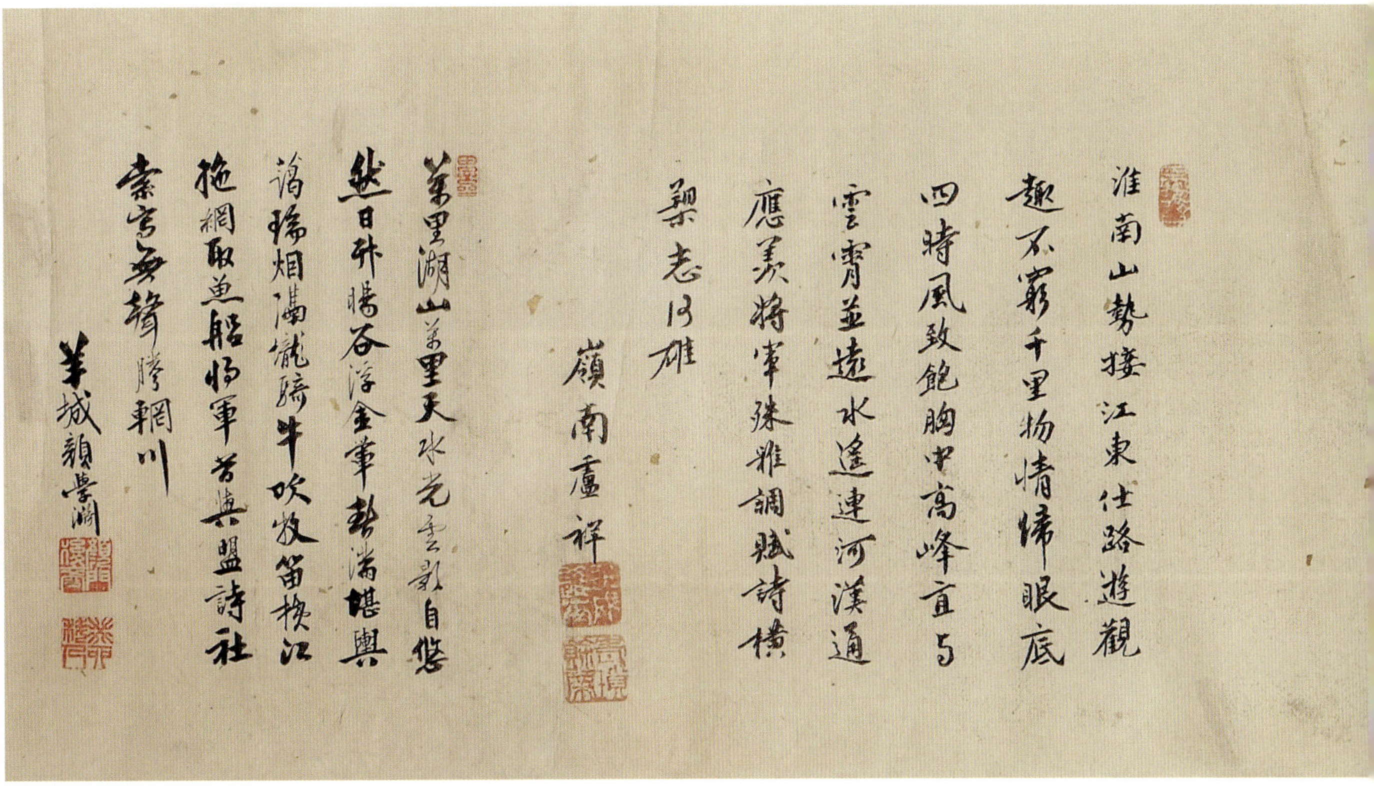

淮南山勢接江東仕路遊觀

趣不窮千里物情歸眼底

四時風致飽胸中高峰直与

雲霄益遠水遙連河漢通

應羨將軍殊雅調賦詩橫

梁志以雄

嶺南盧祥

萬里湖山萬里天水光雲氣欻自岀

終日升騰谷浮金筆勢滿湛興

諳練相滿龍驤牛吹牧笛橫江

拖綱取魚船悵軍苦與盟詩社

素寫無聲膝輞川

羊城顏崇澍

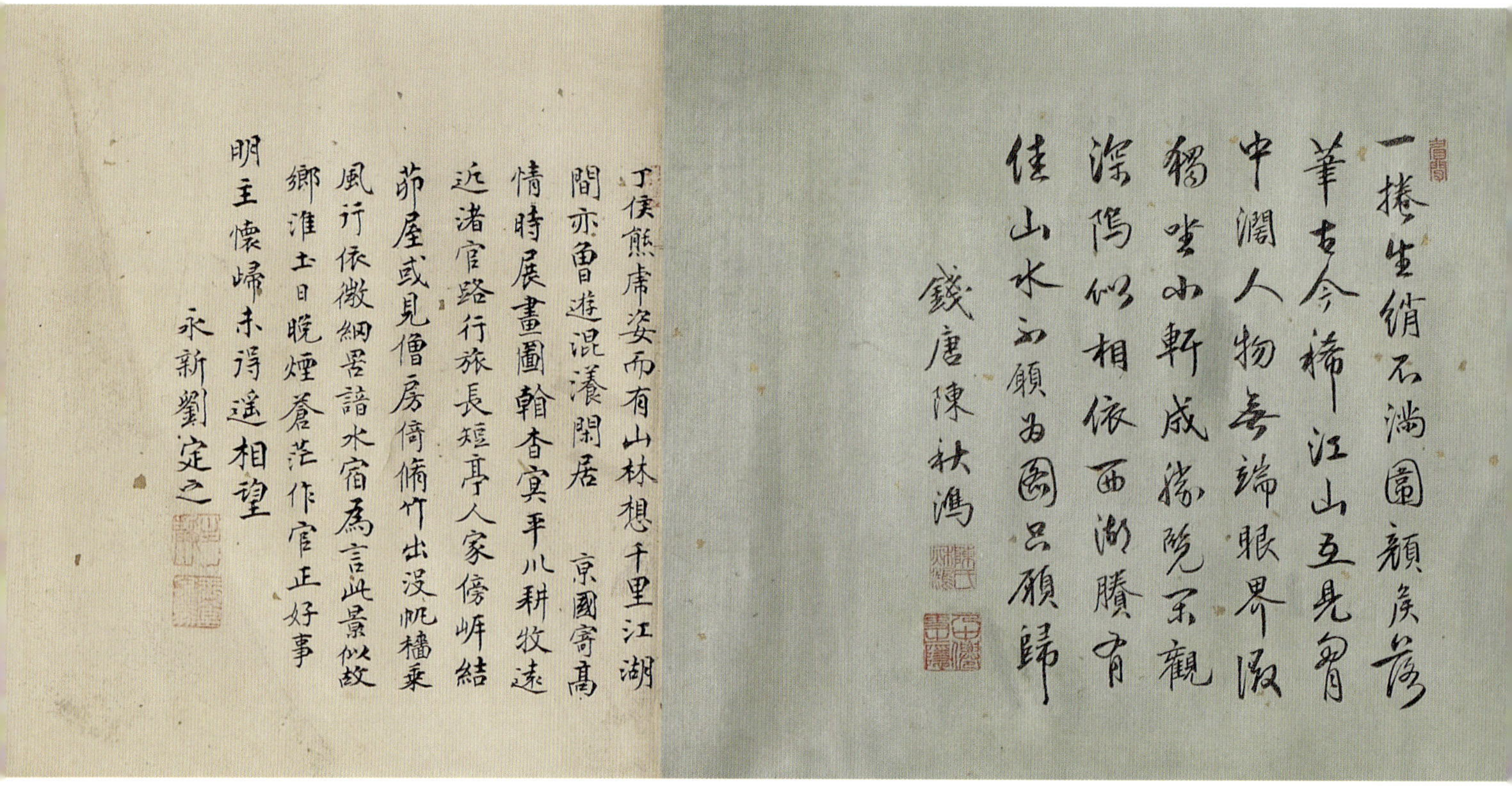

一捲生綃石滿圖顏爰芳
筆古今稀江山互見霄
中瀾人物姿端眼界限
稻崖小軒成橫院未觀
深隖似相依西湖騰青
佳山水而顏為園呂顏歸
　　　錢唐陳秋鴻

丁侯熊虒姿而有山林想千里江湖
間亦曾遊混漾開居　京國寄高
情時展畫圖翰香賔平八耕牧遠
近渚官路行旅長短事人家傍峠結
茆屋或見僧房倚侕竹出没帆檣乘
風行依微細墨諳水宿為言此景似故
鄉淮土日曉煙蒼莊作官正好事
明主懷歸未得遙相望
　　永新劉定之

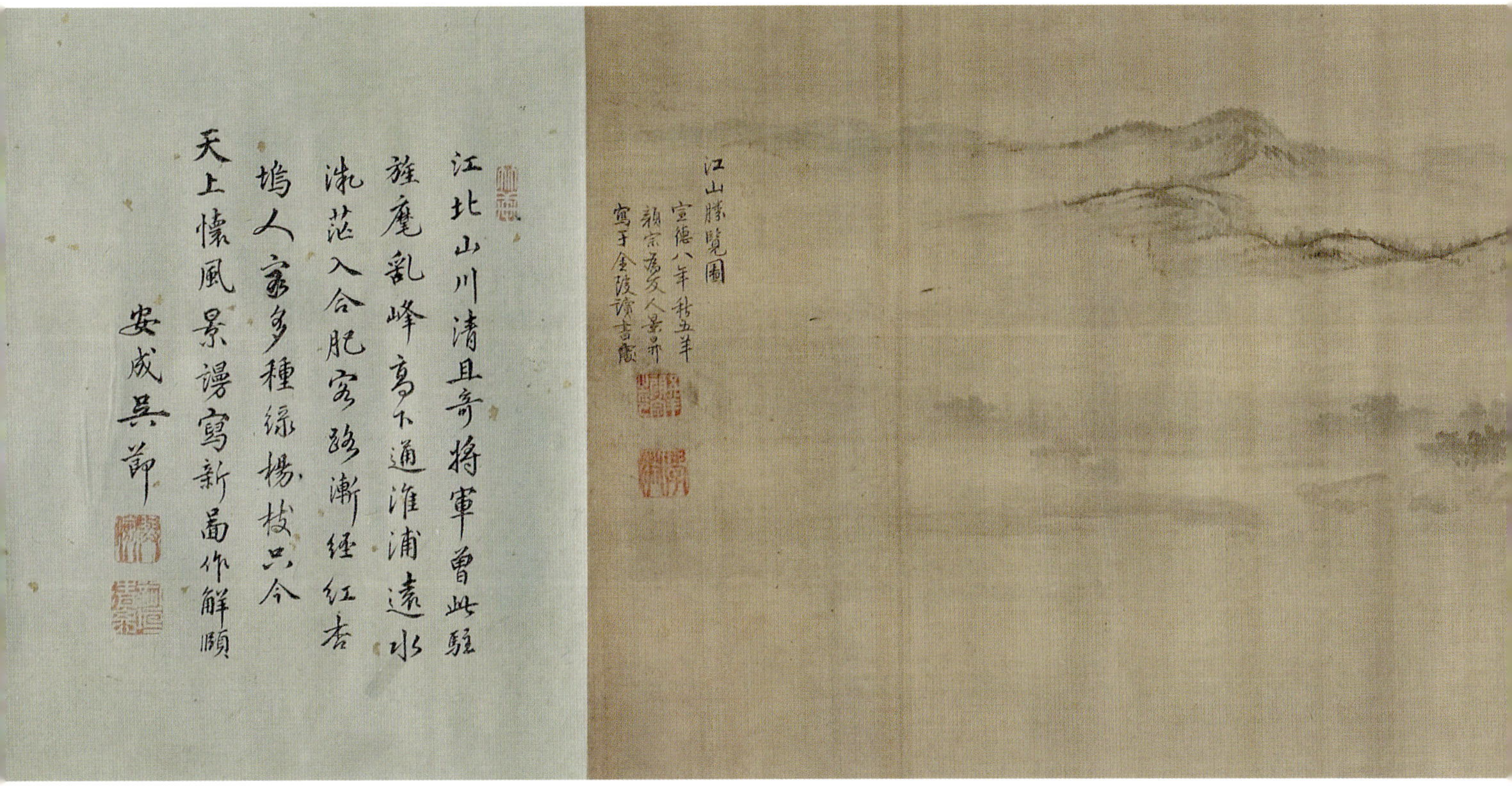

江山勝覽圖
宣德八年秋五月
頒宗彜文八景并
寫于金陵讀書處

江北山川清且奇將軍曾此駐
旌旄亂峰高下通淮浦遠水
淺茫入合肥窎路漸經紅杏
塢人家多種綠楊枝只今
天上懷風景謾寫新圖作解頤
安成吳節

附录

明代广东绘画年表

1370年　洪武三年
庚戌

陈琏生。

1390年　洪武二十三年
庚午

陈琏中举人。

1393年　洪武二十六年
癸酉

颜宗生。

1420年　永乐十八年
庚子

何寅中举人。

1423年　永乐二十一年
癸卯

颜宗中举人。

1428年　宣德三年
戊申

陈献章生。

1433年　宣德八年
癸丑

秋七月，陈琏为赵大年《江村秋晓图》卷题七言古诗一首。

1435年　宣德十年
乙卯

春正月十日，陈琏题米元晖《楚山秋霁图》卷七言绝句二首。

1436年　正统元年
丙辰

李孔修生。
陈琏升南京礼部侍郎。

1447年　正统十二年
丁卯

陈献章举乡试。

1451年　景泰二年
辛未

正月，陈敬宗题行书《湖山平远图记》。

1454年　景泰五年
甲戌

陈琏卒。

1455年 景泰六年
乙亥

萧镃题林良《九思图》。陈金任广东左布政使。

1457年 天顺元年
丁丑

颜宗升兵部车驾司主事。陈金改任。

1459年 天顺三年
己卯

颜宗署兵部员外郎。

1470年 成化六年
庚寅

钟学作《寿萱图》（广东省博物馆藏）。

1492年 弘治五年
壬子

初夏，陈献章为心竹先生作《飞白竹》直幅。

1494年 弘治七年
甲寅

林郊中画士第一名，授锦衣卫镇抚，直武英殿。

1495年 弘治八年
乙卯

李孔修作《雄猫图》。

1498年 弘治十一年
戊午

陈瑞作《仿米海岳云烟山水轴》（香港中文大学文物馆藏）。

1500年 弘治十三年
庚申

陈献章卒。

1503年 弘治十六年
癸亥

邓翘客广西。

1504年 弘治十七年
甲子

林郊致仕，作《都亭咏别图序》。

1509年 正德四年
己巳

梁孜生。

1513年 正德八年
癸酉

吴旦生。

1515年 正德十年
乙亥

黎民表生。

1526年 嘉靖五年
丙戌

李孔修卒。

1534年 嘉靖十三年
甲午

欧大章生。

1537年　嘉靖十六年
丁酉

吴旦中举人。

1555年　嘉靖三十四年
乙卯

梁孜作《山水图》卷（广东省博物馆藏）。

1557年　嘉靖三十六年
丁巳

秋日，黎民表、梁孜、欧大任游南海西樵山，招张中卿、张伟卿及吴旦雅集。后同游崇胜寺，欧大任出箧中卷，吴旦作《山水图》卷以纪行踪。

1564年　嘉靖四十三年
甲子

黎民怀中举人。

1569年　隆庆三年
己巳

孟秋，梁孜为友人潘纬作《社栎斋三咏》题跋。

1572年　隆庆六年
壬申

黎民怀作《秋山行旅图》卷（香港中文大学文物馆藏）。

1573年　万历元年
癸酉

梁孜卒。

1576年　万历四年
丙子

袁登道之父袁敬中举人。

1578年　万历六年
戊寅

赵焞夫生。

1581年　万历九年
辛巳

黎民表卒。

1582年　万历十年
壬午

张萱中举人。

1585年　万历十三年
乙酉

伍瑞隆生于香山县榄溪镇。

1593年　万历二十一年
癸巳

朱完作《墨竹图》（广东省博物馆藏）。

1594年　万历二十二年
甲午

仲春，欧大章书篆书斗方二帧（广东省博物馆藏）。

1596年　万历二十四年
丙申

梁元柱作《草书诗》卷。

1602年　万历三十年
壬寅

黎美周生。

1606年　万历三十四年
丙午

李之世举于乡。

1615年　万历四十三年
乙卯

十月，欧大章为潘觉于先辈写《近水园亭图》扇面（广东省博物馆藏）。

1617年　万历四十五年
丁巳

万国桢作《岁寒三清图》轴（日本私人藏）。
朱完卒。

1618年　万历四十六年
戊午

梁继善中举人。梁元柱举于乡试。

1621年　天启元年
辛酉

伍瑞隆举乡试第一。

1622年　天启二年
壬戌

梁元柱中进士。

1623年　天启三年
癸亥

三月，明熹宗皇帝为梁元柱制词。

1624年　天启四年
甲子

四月，梁元柱上《论荫职疏》。
六月，梁元柱上《纠东厂逆监疏》。
初秋，梁元柱作《风竹图》（广州艺术博物院藏）。

1626年　天启六年
丙寅

暮春，梁元柱作《雏鸡图》轴（广东省博物馆藏）。

1627年　天启七年
丁卯

梁元柱作《丁卯撒棘同典试张虞部小酌》诗。
武进郑谦止度岭至五羊城，与陈秋涛前辈、梁元柱同年欢然道故，遂游罗浮，登绝顶，患难中乃得山水朋友之胜。

1628年　崇祯元年
戊辰

梁栋生。
梁元柱赴京。

1629年　崇祯二年
己巳

初秋，梁元柱作《己巳初秋将应环召友人招饮舟中口占》诗。
中秋，梁元柱作《己巳中秋夜留别》诗。

1630年　崇祯三年
庚午

中秋，梁元柱作《庚午中秋登燕闹明远楼》诗。

1632年 崇祯五年
壬申

伍瑞隆作《牡丹修竹图》（天津博物馆藏）。

1634年 崇祯七年
甲戌

邝露有诗《婆侯戏韵效宫体寄侍御梁仲玉》赠梁元柱。

1635年 崇祯八年
乙亥

仲冬长至日，黎美周为《周易爻物当名》自序。

1637年 崇祯十年
丁丑

七夕日，徐世溥为黎美周《莲须阁诗文集》作序。

伍瑞隆授化州教谕。

1638年 崇祯十一年
戊寅

立秋日，何吾驺为黎美周《莲须阁诗文集》作序。

黎美周作《仿文徵明瓜州相别图》（广州艺术博物院藏）。

伍瑞隆改授化州学正。

1640年 崇祯十三年
庚辰

黎美周北上取道扬州，应江都郑元勋（字超宗）之约雅集影园（华亭董尚书以园在柳影、山影、水影之间题曰"影园"），与词人即席分赋《黄牡丹》七律十章，被钱谦益选为第一，超宗以黄金二觥镌"黄牡丹状元"赠之，并选女乐歌吹迎于红桥，一时传为盛事。

1641年 崇祯十四年
辛巳

九月既望，黎美周送区启图北上作《山水》册页两开（广州艺术博物院藏）。

梁元柱《偶然堂集》付梓，伍兆阳作序。

伍瑞隆升为翰林院待诏，旋迁户部主事。

1642年 崇祯十五年
壬午

初夏，伍瑞隆作《牡丹图》（广东省博物馆藏）。

1643年 崇祯十六年
癸未

三月，黎美周作《富贵图卷》。

参考资料

一、史志、论著、专著和图录

1. 陈传席. 中国山水画史. 南京：江苏美术出版社，1988.

2. 陈传席. 中国山水画史（修订本）. 天津：天津人民美术出版社，2001.

3. 陈琏. 琴轩集. 东莞：政协东莞市文史资料委员会，2000.

4. 陈敬宗. 澹然先生集. 台南：庄严文化事业有限公司，1997.

5. 陈文述. 画林新咏. 台北：明文书局，1985.

6. 陈献章. 陈献章集. 北京：中华书局，1993.

7. 戴璟，修；张岳，纂. 广东通志初稿：四十卷首一卷. 民国三十五年（1946）蓝晒本.

8. 戴肇辰，苏佩训，修. 广州府志. 清光绪五年（1879）粤秀书院刊本.

9. 丁祖荫，徐兆玮等，修. 重修常昭合志. 上海：上海社会科学院出版社，2002.

10. 冯津. 历代画家姓氏便览；中国书画全书：第十一册. 上海：上海书画出版社，1997.

11. 福开森，编. 历代著录画目. 北京：人民美术出版社，1993.

12. 顾复. 平生壮观. 上海：上海人民美术出版社，1962.

13. 管林，主编. 广东历史人物辞典. 广州：广东高等教育出版社，2001.

14. 广东省博物馆，编. 广东省博物馆藏画集. 北京：文物出版社，1986.

15. 广东省博物馆，编. 广东省博物馆藏品选. 北京：文物出版社，1999.

16. 《广州市文物志》编委会，编著. 广州市文物志. 广州：岭南美术出版社，1990.

17. 郭棐，撰. 粤大记. 黄国声，邓贵忠，点校. 广州：中山大学出版社，1998.

18. 郭棐，纂修. 广东通志：七十二卷. 明万历三十年（1602）刊本.

19. 高居翰. 江岸送别：明代初期与中期绘画（1368—1580）. 夏春梅等，译. 台北：石头出版股份有限公司，1997.

20. 高木森. 明山净水——明画思想探微. 台北：三民书局股份有限公司，2005.

21. 韩雍. 韩襄毅公家藏文集. 台北：文海出版社，1970.

22. 郝玉麟等，修；鲁曾煜等，纂. 广东通志：六十四卷. 雍正九年（1731）刊本.
　　　（此版本亦见于乾隆文津阁《四库全书》本）

23. 黄锡蕃. 闽中书画录；中国书画全书：第十二册. 上海：上海书画出版社，1998.

24. 黄佐，撰. 广州人物传. 陈宪猷，点校. 广州：广东高等教育出版社，1991.

25. 黄佐，修. 广东通志. 明嘉靖四十年（1561）刊本.

26. 蒋勋. 美的沉思——中国艺术思想史论. 台北：雄狮图书股份有限公司，2003.

27. 姜绍书. 无声诗史；于安澜，编. 画史丛书：第三册. 上海：上海人民美术出版社，1963.

28. 金光祖，纂修. 广东通志：三十卷. 康熙三十六年（1697）刊本及五十二年（1713）增补本.

29. 邝露，撰. 峤雅. 黄灼耀，点校；杨明新，注释. 广州：广东高等教育出版社，1990.

30. 蓝瑛，谢彬. 图绘宝鉴续纂；于安澜，编. 画史丛书：第二册. 上海：上海人民美术出版社，1963.

31. 李公明. 广东美术史. 广州：广东人民出版社，1994.

32. 梁江. 美术学探索. 重庆：重庆出版社，2000.

33. 梁江. 中国美术鉴藏史稿. 北京：文物出版社，2009.

34. 梁江. 广东画坛闻见录. 广州：岭南美术出版社，2010.

35. 林木. 明清文人画新潮. 上海：上海人民美术出版社，1991.

36. 林亚杰，朱万章，主编. 广东绘画研究文集. 广州：岭南美术出版社，2010.

37. 刘九庵，编著. 宋元明清书画家传世作品年表. 上海：上海书画出版社，1997.

38. 刘廷元，修. 南海县志. 明万历三十七年（1609）刊本.

39. 刘治贵. 中国绘画源流. 长沙：湖南美术出版社，2003.

40. 鲁骏. 宋元以来画人姓氏录；中国书画全书：第十三册. 上海：上海书画出版社，1998.

41. 罗亨信. 觉非集. 台南：庄严文化事业有限公司，1997.

42. 骆伟，主编. 广东文献综录. 广州：中山大学出版社，2000.

43. 罗一平. 造化与心源——中国美术史中的山水图像. 广州：岭南美术出版社，2006.

44. 罗云山，编. 广东文献. 扬州：江苏广陵古籍刻印社，1994.

45. 名家翰墨（41）·广东省博物馆藏名画特集. 香港：翰墨轩出版有限公司，1993.

46. 明清广东名家山水画展. 香港：香港中文大学中国文化研究所文物馆，1973.

47. 明实录·广东海南卷. 武汉：武汉出版社，1993.

48. 穆益勤，编著. 明代院体浙派史料. 上海：上海人民美术出版社，1985.

49. 潘铭燊，编. 广东地方志传记索引. 香港：中文大学出版社，1989.

50. 潘荣胜，主编. 明清进士录. 北京：中华书局，2006.

51. 仇江，选注. 岭南历代文选. 广州：广东人民出版社，1993.

52. 屈大均. 广东新语. 李育中等，注. 广州：广东人民出版社，1991.

53. Richard M.Barnhart. Painting of the Great Ming. *The Dallas Museum of Art, 1993.*

54. 容庚. 颂斋书画小记. 广州：广东人民出版社，2000.

55. 容庚. 颂斋述林. 香港：翰墨轩出版有限公司，1994.

56. 阮元，修；陈昌齐等，纂. 广东通志. 清道光二年（1822）刊本.

57. 佚名. 书画史；中国书画全书：第七册. 上海：上海书画出版社，1994.

58. 苏鹗. 杜阳杂编. 北京：中华书局，1958.

59. 苏庚春. 苏庚春中国画史记略. 广州：广东旅游出版社，2004.

60. 王伯敏，主编. 中国美术通史：第五卷. 济南：山东教育出版社，1988.

61. 王伯敏，俞守仁，王心祺. 132名中国画画家. 济南：山东美术出版社，1984.

62. 王宸. 绘林伐材；中国书画全书：第九册. 上海：上海书画出版社，1996.

63. 汪世清. 卷怀天地自有真：汪世清艺苑查疑补证散考. 台北：石头出版股份有限公司，2006.

64. 汪世清. 艺苑疑年丛谈. 北京：紫禁城出版社，2002.

65. 汪世清. 艺苑疑年丛谈（增补版）. 台北：石头出版股份有限公司，2008.

66. 王世贞. 弇州续稿；《钦定四库全书》本.

67. 王希文. 石屏遗集；王猷. 壮其遗集：全一册. 东莞：政协东莞市文史资料委员会，2001.

68. 王益论. 丹青引. 香港：大业公司，1995.

69. 王毓贤. 绘事备考；中国书画全书：第八册. 上海：上海书画出版社，1994.

70. 汪兆镛，纂. 岭南画征略（附续录、校记、岭南画人疑年录）. 香港：商务印书馆，1961.

71. 汪兆镛，编纂. 岭南画征略（附续录、岭南画人疑年录）. 汪宗衍，增补；周锡馥，点校. 广州：广东人民出版
    社，1988.

72. 汪宗衍. 广东文物丛谈. 香港：中华书局香港分局，1974.

73. 汪宗衍. 广东书画征献录. 香港：大同印务有限公司，1988.

74. 汪宗衍. 明末剩人和尚年谱. 台北：台湾商务印书馆，1986.

75. 汪宗衍. 艺文丛谈续编. 澳门：文会书舍，1993.

76. 温汝能，纂辑；吕永光，整理. 粤东诗海. 广州：中山大学出版社，1999.

77. 温廷敬. 广东通志列传：四卷. 民国中山大学出版组铅印本.

78. 夏文彦. 图绘宝鉴；于安澜，编. 画史丛书：第二册. 上海：上海人民美术出版社，1963.

79. 冼玉清. 冼玉清文集. 广州：中山大学出版社，1995.

80. 香港《大公报》，编辑. 广东名家书画选集. 香港：《大公报》社，1960.

81. 香港博物美术馆，编. 广东历代名家绘画. 香港：香港市政局，1973.

82. 香港艺术馆，筹划. 广东历代名家书法. 香港：香港市政局，1981.

83. 香港中文大学文物馆，编. 广东书画录. 香港：香港中文大学文物馆，1981.

84. 香港中文大学中国文化研究所文物馆编. 明清广东名家山水画展. 香港：香港中文大学中国文化研究所文物馆，
    1973.

85. 谢文勇，编. 广东画人录. 广州：岭南美术出版社，1985.

86. 谢文勇，编. 广东画人录（修订本）. 广州：广州美术馆，1996.

87. 徐邦达. 历代书画家传记考辨. 上海：上海人民美术出版社，1983.

88. 徐邦达，编. 历代流传书画作品编年表. 上海：上海人民美术出版社，1963.

89. 徐沁. 明画录；于安澜，编. 画史丛书：第三册. 上海：上海人民美术出版社，1963.

90. 杨仁恺，主编. 中国书画. 上海：上海古籍出版社，1990.

91. 叶恭绰. 遐庵谈艺录. 香港：太平书局，1961.

92. 叶恭绰. 矩园余墨. 沈阳：辽宁教育出版社，1997.

93. 张珩. 木雁斋书画鉴赏笔记. 北京：文物出版社，2000.

94. 张照等，撰. 秘殿珠林石渠宝笈汇编. 北京：北京出版社，2004.

95. 张仲谋. 明词史. 北京：人民文学出版社，2002.

96. 郑昶. 中国画学全史. 上海：上海书画出版社，1985.

97. 中国古代书画鉴定组，编. 中国古代书画图目（9）. 北京：文物出版社，1992.

98. 中国美术全集编辑委员会，编. 中国美术全集·绘画编6·明代绘画上. 上海：上海人民美术出版社，1988.

99. 朱广澜，修；梁鼎芬，纂. 续修广东通志：不分卷. 民国五年（1916）广东通志局稿本.

100. 朱谋垔. 画史会要. 中国书画全书：第四册. 上海：上海书画出版社，1992.

101. 朱万章. 广东绘画. 广州：广东人民出版社，2007.

102. 朱万章. 明清广东画史研究. 广州：岭南美术出版社，2010.

103. 朱万章. 粤画访古. 北京：文物出版社，2005.

104. 朱万章等. 顺德书画艺术. 北京：人民出版社，2005.

105. 庄申. 画史观微——庄申教授逝世三周年纪念文集. 台北：历史博物馆，2003.

二、论义

总论

1. 简又文. 广东文化之研究//广东文物：卷八. 上海：上海书店，1990.

2. 简又文. 广东书画鉴藏记//广东文献. 台湾：广东文献.

3. 李铸晋. 明清广东山水画之发展//香港中文大学中国文化研究所文物馆. 明清广东名家山水画展. 香港：香港中文大学中国文化研究所文物馆，1973.

4. 庄申. 对于广东绘画的四种考察//广东历代名家绘画. 香港：香港市政局，1973：217-225.

5. 若波. 广东绘画的风格//艺林丛录（四）. 香港：商务印书馆香港分馆，1964：238-241.

6. 一丁. 粤书画家之署名//艺林丛录（三）. 香港：商务印书馆香港分馆，1962：96-97.

7. 李水华. 广东明清五画家. 随笔人文杂志，1980：12（6）.

8. 朱万章. 宋元遗韵：明代岭南的山水画. 广州日报，1997-09-05.

颜宗研究

1. 李天马. 颜宗年代考//艺林丛录（三）. 香港：商务印书馆香港分馆，1962：38-39.

2. 若波. 颜宗的《湖山平远图》// 艺林丛录（三）. 香港：商务印书馆香港分馆，1962：33-35.

3. 李遇春. 颜宗的《湖山平远图》卷. 艺苑掇英，1982（14）.

4. 李遇春. 一件现存最早的广东绘画作品——记颜宗的《湖山平远图》. 文物，1983（5）.

5. 朱万章. 现存最早的广东绘画——明朝颜宗的《湖山平远图》. 大公报·艺林，1993-12-10.

6. 李遇春. 关于"颜宗"《江山胜览图》的真伪辨析//广东省博物馆集刊1999. 广州：广东人民出版社，1999：163-169.

7. 朱万章. 重新认识颜宗. 收藏·拍卖，2007（7）.

8. 李遇春. 明《庐山图》作者颜夏官考. 岭南文史，2007（4）.

后记

朱万章

岭南画家中真正有作品传世者，是从颜宗开始的。他在广东绘画史上的地位因《湖山平远图》而显得尤为重要。但是，由于史料的阙如，画迹传世稀少，前人研究不多，要对其进行深入、细致的研究显然不太容易。作为《岭南画库》的开篇之作，本书尽可能在真伪杂糅的原始文献中钩稽索隐，去伪存真，并结合广东省博物馆和香港中文大学文物馆所藏画迹，对颜宗绘画艺术及其在广东绘画史和中国绘画史上的地位展开探讨。如果这种探索性的工作能为学术界提供一些可资参考的依据，并为洞察广东绘画演变的历史厘清史实，我想这便是本书的初衷所在。

本书的出版得到了香港中文大学文物馆的大力支持，《岭南画库》编委会成员提出的修改意见使本书得以进一步完善，其他旧友新知也给予了大力协助，在此不一一言谢。

2010年8月13日